Ein Fall für Kwiatkowski

Faule Tricks und nasse Füße

Ein Leseprojekt
nach dem
gleichnamigen Kinderbuch
von
Jürgen Banscherus

erarbeitet
von
Ulrike Barzik

Illustrationen
von
Barbara Jung

Cornelsen

Inhaltsverzeichnis

Auf Seiten mit diesem Bild findest du Aufgaben.

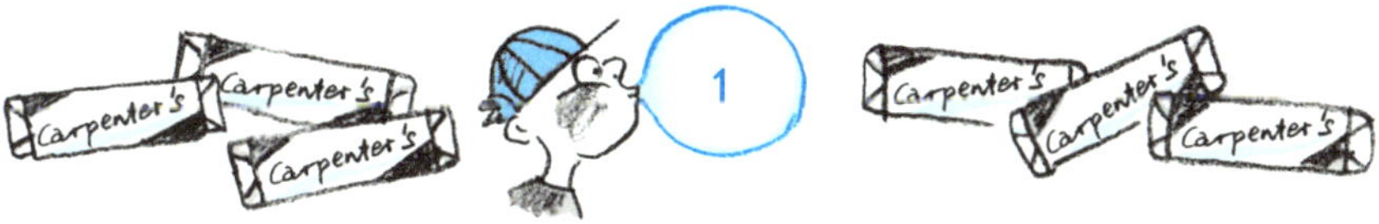

Kapitel 1

Kein normaler Junge kann mit dem, was er als Detektiv verdient, große Sprünge machen. Mit einem Honorar von fünf Päckchen Carpenter's Kaugummi für jeden gelösten Fall bestreite ich gerade mal meinen wöchentlichen Kaubedarf. Wenn man außerdem bloß lächerliche zwei Euro fünfzig Taschengeld pro Woche kriegt, sollte man sich alle Gedanken an größere Anschaffungen gleich aus dem Kopf schlagen.

In meinem Beruf kann ein Computer nützlich sein. Deshalb hatte ich meine Mutter bei jeder Gelegenheit angebettelt, mir einen zu kaufen. Ich hatte ihr sogar angeboten, als Gegenleistung in den nächsten zwanzig Jahren morgens, mittags und abends den kompletten Abwasch zu machen.

Aber sie war hart geblieben. „Erstens", hatte sie gesagt, „sitzt du dann nur noch vor der Kiste und ballerst auf irgendwelche Monster …"
„Und zweitens?", hatte ich gefragt.
„Zweitens haben wir dafür kein Geld."

Das mit den Ballerspielen hätte ich meiner Mutter vielleicht noch ausreden können. Schließlich brauchte ich den Computer nicht zum Spielen, sondern für meine Ermittlungen. Gegen Mamas zweites Argument war ich allerdings machtlos. Seit mein Vater uns verlassen hat, müssen wir wirklich jeden Cent umdrehen.

Aber so leicht gab ich mich nicht geschlagen. Ein guter Detektiv braucht Geduld, um sein Ziel zu erreichen. Und er braucht Fantasie. Von beiden Eigenschaften habe ich eine ganze Menge. Glaube ich wenigstens.

Also dachte ich nach. Zwei Tage und sechs Kaugummis lang. Und schließlich hatte ich eine Idee, wie ich doch noch zu meinem Computer kommen könnte. Was ich vorhatte, war eigentlich nichts Besonderes. Eigentlich … Aber eins nach dem anderen.

Fortsetzung folgt

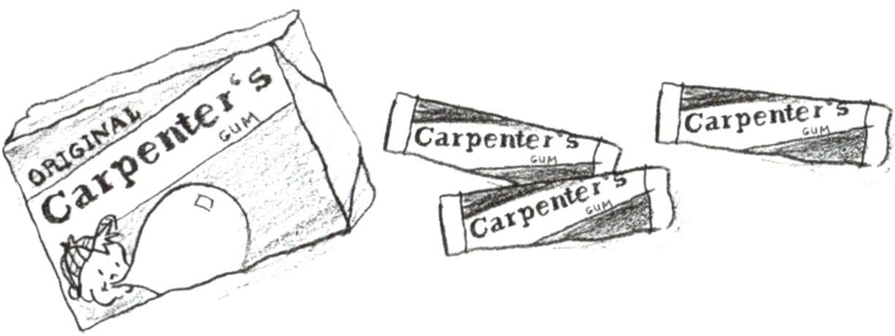

**1. Kwiatkowski ist Detektiv.
Was macht ein Detektiv?
Verbinde mit dem richtigen Satzende.**

Ein Detektiv löst

Rechenaufgaben.

sich in Luft auf.

kriminalistische Fälle.

**2. Kwiatkowski erhält ein Honorar
für seine Detektivarbeit. Was ist ein Honorar?
Male um die beiden Nomen (Namenwörter), die
die gleiche Bedeutung haben, farbige Rahmen.**

ein Geschenk	ein Lohn
eine Bezahlung	eine Urkunde

**3. Was erhält Kwiatkowski als Honorar
für jeden gelösten Fall? Kreuze an.**

❑ 

❑ 

❑ 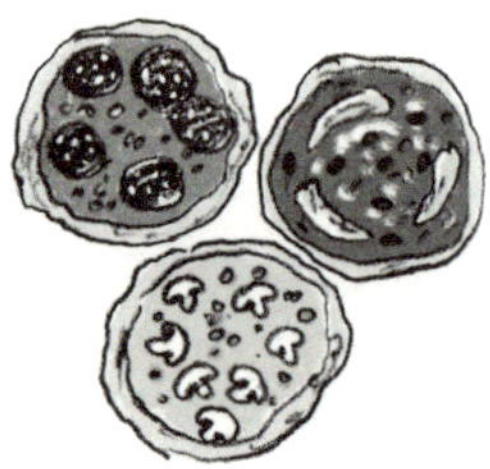

4. Kwiatkowski bekommt 2,50 Euro Taschengeld in der Woche. Wie viel ist das in 4 Wochen? Rechne aus. Ergänze die Rechenschritte.

1 Woche Taschengeld = 2,50 Euro

4 Wochen Taschengeld = ____ x 2,50 Euro

= ____,00 Euro

5. Sollen Kinder Taschengeld bekommen? Sprich mit anderen Kindern darüber. Begründe deine Meinung.

6. Kwiatkowski braucht dringend einen Computer. Seine Mutter ist dagegen. Sie nennt zwei Gründe. Lies auf Seite 4 nach und ergänze die Sätze.

Erstens sitzt du dann nur noch

vor der ________________ und

ballerst auf irgendwelche ________________.

Zweitens haben wir dafür kein ________________.

Kapitel 2

Es war kurz vor den Sommerferien. Meine Mutter und ich hatten beschlossen, diesmal nicht in Urlaub zu fahren. Bald nach Ostern hatten wir eine neue Tiefkühltruhe kaufen und den Teppichboden im Wohnzimmer ersetzen müssen. Deshalb herrschte jetzt totale Ebbe in unserer Kasse.

Tiefstand, kein Geld

Mir kam das, ehrlich gesagt, ganz gelegen. Auf diese Weise konnte ich mich für die nächsten sechs Wochen nach einer einträglichen Einnahmequelle umsehen. Mein Plan war ganz einfach: arbeiten, Geld verdienen, Computer kaufen.

Zuerst besuchte ich den Bäcker bei uns. Ich bot ihm an, morgens mit dem Fahrrad die frischen Brötchen auszufahren. Doch er schüttelte den Kopf und sagte: „Tut mir leid, Kwiatkowski. Das wäre Kinderarbeit. Wenn jemand dahinterkommt, bin ich geliefert."

Im Pressehaus der „Täglichen Nachrichten" lief es ähnlich ab. „Du willst Zeitungen austragen, Kleiner?", fragte mich so ein aufgeblasener Typ, dem das Gel von den Haaren tropfte. „In ein paar Jahren gern. Aber jetzt bist du noch viel zu jung. Wir würden uns strafbar machen."

Und so ging es weiter. Egal, wo ich es versuchte, ich hörte immer dieselbe Leier: „Du bist zu jung. – Wir machen uns strafbar. – Wir beschäftigen keine Kinder."

Wie immer, wenn ich irgendwo nicht weiterkomme, besuche ich Olga. In ihrem Kiosk kaufe ich meine Carpenter's. Außerdem hat sie mir schon oft geholfen – und das nicht nur bei meinen Fällen.

Sie schob mir ein Glas Limo über die Theke und fragte: „Geht's dir nicht gut, mein Süßer?“ „Nee“, knurrte ich. Erstens weil das stimmte. Mir ging es nach meinen vergeblichen Versuchen, eine Arbeit zu finden, wirklich nicht gut. Und zweitens weil ich es hasse, wenn Olga mich „ihren Süßen“ nennt.

Fortsetzung folgt

1. Nach Ostern mussten Kwiatkowski und seine Mutter etwas für die Wohnung kaufen. Was? Markiere im Buchstabengitter.
Tipp: Lies dazu auf Seite 8 nach.

Z	K	J	Z	T	Z	R	T	W	A	W	E	S	A	T	I	J	E
Ö	Z	U	T	Z	H	T	E	P	P	I	C	H	B	O	D	E	N
J	Ö	U	Z	Z	T	S	X	R	U	K	I	L	I	U	Z	K	R
T	I	E	F	K	Ü	H	L	T	R	U	H	E	X	T	U	Z	F

2. Kwiatkowski fährt mit seiner Mutter nicht in den Urlaub, weil Ebbe in der Kasse herrscht.

a) Was sind Ebbe und Flut?
Lies die Sätze am Faden, dann erfährst du es.

Bei Ebbe

Bei Flut

steigt der Wasserstand.

sinkt der Wasserstand.

b) Was bedeutet es, wenn in der Kasse Ebbe herrscht?
Berate dich mit einem anderen Kind und ergänze den Satz.

In der Kasse ist dann ________________ Geld.
wenig / viel

3. **Kwiatkowski hat für die Ferien einen Plan.**
   Was möchte er nacheinander tun?
   Nummeriere die Wortgruppen und
   das Verb (Tuwort).
   Tipp: Lies dazu auf Seite 9 nach.

Mein Plan

- [ ] Computer kaufen
- [ ] arbeiten
- [ ] Geld verdienen

4. **Kwiatkowski fragt beim Bäcker und**
   bei der Zeitung nach Arbeit.
   Was will er dort arbeiten?
   Schreibe Stichwörter unter die Bilder.

5. **Alle lehnen Kwiatkowskis Arbeitsangebote ab.**
   Warum? Sammelt die Gründe an der Tafel.

6. Kwiatkowski hörte immer dieselbe Leier.
Immer dieselbe Leier hören ist eine Redewendung.

a) Wenn du dich über die Drehleier informierst, kannst du herausfinden, was die Redewendung bedeutet.

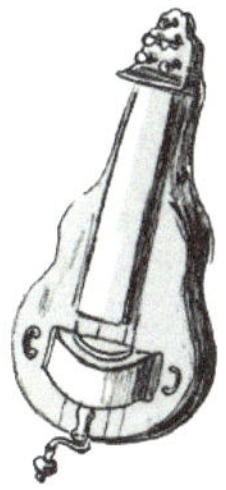

Eine **Drehleier** ist wie die Geige ein Streichinstrument, das Saiten hat. Die Saiten werden von einem Holzrad gestrichen. Die Töne können dabei **endlos lange** gespielt werden. Die Musik ist **wenig abwechslungsreich**.

b) Verbinde die Wortgruppen mit gleicher Bedeutung.

immer dieselbe Leier hören	immer etwas anderes hören
	immer das Gleiche hören

7. Kwiatkowski besucht Olga in ihrem Kiosk. Wie will er von ihr auf gar keinen Fall genannt werden? Lies auf Seite 10 nach und schreibe in die Sprechblase.

Kapitel 3

„Ein neuer Fall?“, fragte Olga weiter. Ich schüttelte den Kopf, trank das Glas mit einem Schluck aus und steckte mir ein Carpenter’s in den Mund. Dann erzählte ich Olga, was ich in den vergangenen Tagen erlebt hatte.

Als ich fertig war, sagte sie: „Ich würde dich ja gern beschäftigen, mein Engel …“ Mannomann. „Engel“ war noch schlimmer als „Süßer“! „Bloß … ich komme selbst nur so gerade über die Runden“, erklärte sie.

gerade genug verdienen, um alle Rechnungen zahlen zu können

Ich wollte mich verabschieden, doch Olga hielt mich am Ärmel fest. „Ich hätte da einen Fall für dich“, sagte sie. Einen Fall? Eigentlich hatte ich ja sechs Wochen lang Geld verdienen wollen. Aber wenn mich keiner einstellte, konnte ich auch genauso gut wieder als Detektiv arbeiten. „Schieß los“, sagte ich.

„Schau dir mal mein Auto an“, forderte mich Olga auf. Wie üblich hatte sie ihr altes Schätzchen in Sichtweite auf der anderen Straßenseite geparkt. Sie liebt den Wagen mindestens so sehr wie mich. Es würde mich nicht wundern, wenn sie ihn nachts mit ins Bett nimmt. Das Auto war frisch gewaschen, die Chromteile glänzten in der Sonne.

„Und?“, rief ich über die Straße. „Bist du blind?“, rief Olga zurück. „Die Fahrertür, Kwiatkowski, die Fahrertür!“ Ich schaute genauer hin – und sah die Bescherung. Über die gesamte Breite der Tür zog sich ein tiefer Kratzer.

„Ist das nicht furchtbar?“, fragte Olga, als ich wieder vor der Theke stand. „Wer war das?“, wollte ich wissen. „Ich weiß nicht, Kwiatkowski. Aber wenn ich den Verbrecher kriege, dann … dann …“ Sie schluckte. „Übernimmst du den Fall?“ Ich nickte. „Das übliche Honorar?“, fragte sie. Wieder nickte ich.

„Wann ist dir der Kratzer aufgefallen?“, fragte ich. Olga dachte nach. „Gestern“, antwortete sie. „Und zwar nachdem ich mit dem Wagen durch die Autowaschanlage gefahren war.“ „Du wäschst den Wagen nicht selbst?“, fragte ich erstaunt. Bisher hatte ich geglaubt, sie hätte in ihrem Garten eine extra Badewanne für ihren Liebling bauen lassen – mit Wöhlpuhl oder wie das heißt und Quietsche-Ente.

„Es war eine Ausnahme“, erklärte Olga eilig und wurde sogar ein bisschen rot. „Ich hatte keine Zeit.“ „In welcher Waschanlage warst du?“, fragte ich. „Bei der Tankstelle auf der Hauptstraße. Die Besitzer sind Kunden von mir“, sagte sie. „Wer ist das nicht“, sagte ich. Olga grinste und tätschelte mir die Backe. „Ach, Kwiatkowski“, seufzte sie und ließ die Wimpern flattern, dass ich Angst hatte, sie könnten wegfliegen. Fortsetzung folgt

1. **Was hat Olga für Kwiatkowski?**
   Streiche die falschen Wörter durch.

   einen neuen **Sprung / Fall / Hüpfer**

2. **Was muss Kwiatkowski als Detektiv bei seinen Fällen tun?**
   Finde jeweils die Fußabdrücke, die zusammengehören.
   Schreibe die Tätigkeiten auf die Linien unten.

Spuren

Fragen

aufspüren

Zeugen

Hinweisen

Verdächtiges

befragen

suchen

folgen

lösen

Spuren suchen, Zeugen
befragen, Hinweisen folgen,
Fragen lösen, Verdächtiges
aufspüren

3. Olga liebt ihr Auto sehr. Worüber würde sich Kwiatkowski nicht wundern?
Male das Bild zu Ende und ergänze den Satz.

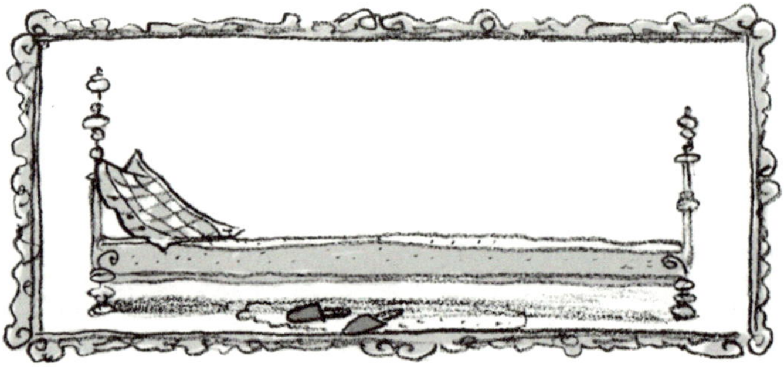

Kwiatkowski würde sich nicht wundern, ______________________

____

____.

4. Wo war Olga mit dem Auto, bevor sie den Kratzer an der Fahrertür bemerkt hat?
Schreibe auf die Linie.
Tipp: Die Silben im Bild helfen dir.

in der ____

5. **Bei welcher Tankstelle hat Olga ihr Auto waschen lassen?**
Male das richtige Schild gelb aus.

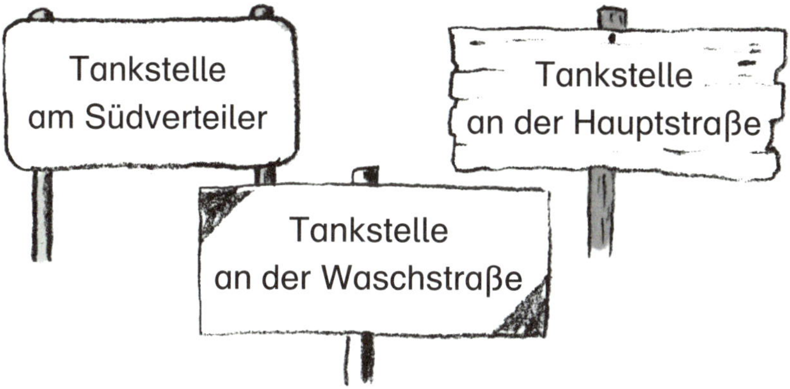

6. **Kwiatkowski denkt, dass Olga im Garten einen „Wöhlpuhl“ hat.**
Er meint damit einen „Whirlpool“.
Das ist ein englisches Wort.
Was ist ein „Whirlpool“? Kreuze an.

- ❑ eine Badewanne, in der das Wasser lila ist
- ❑ eine Badewanne, in der das Wasser sprudelt
- ❑ eine Badewanne, in der das Wasser schäumt

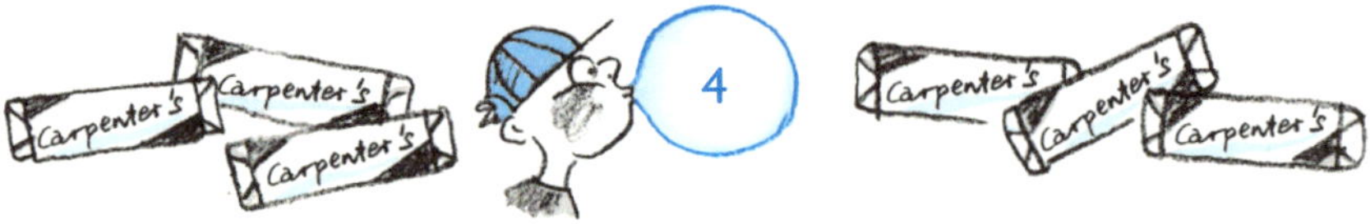

Kapitel 4

Die Tankstelle an der Hauptstraße liegt auf meinem Schulweg. Ab und zu kaufe ich mir dort eine Tüte Chips.

An diesem Nachmittag war auf dem Gelände der Tankstelle nichts los. An den zwölf Zapfsäulen stand nur ein Wagen, zwei weitere Autos warteten vor der Waschanlage. Eigentlich wusste ich nicht genau, was ich hier suchte. Aber bei meinen Fällen war ich oft gerade dann über wichtige Hinweise gestolpert.

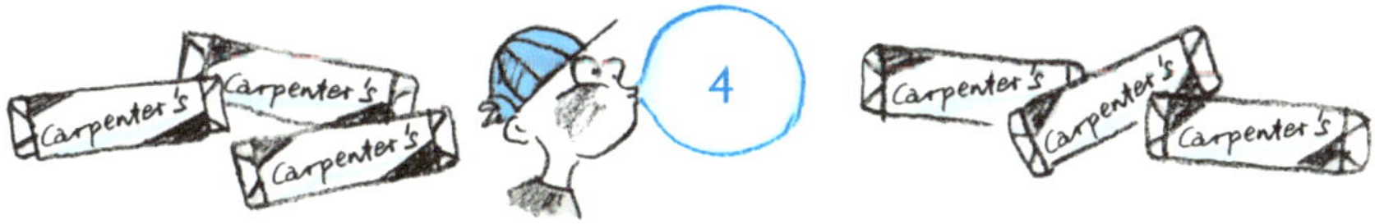

Also schlenderte ich eine Weile kreuz und quer über das Tankstellengelände. Es war ja möglich, dass ich jemanden entdeckte, der für den Kratzer an Olgas Auto infrage kam. In dem Fall hätte ich sofort mein übliches Ermittlungsprogramm gestartet: Ich wäre dem Verdächtigen unbemerkt gefolgt, hätte ihn bei seiner nächsten Aktion erwischt und zur Rede gestellt. – Doch auf dem Gelände war nichts Verdächtiges zu finden.

Plötzlich öffnete sich die Tür zum Tankstellenmarkt. Der Besitzer kam heraus. Er heißt Siegfried, seine Stammkunden nennen ihn Siggi. Trotz der Hitze trug Siggi wie üblich seine dicke schwarze Pudelmütze auf dem Kopf. Wahrscheinlich setzte er sie nicht mal im Bett ab. „Suchst du was?“, hörte ich ihn rufen. „Nee!“, rief ich. Und Siggi schimpfte: „Dann verschwinde! Hier ist kein Spielplatz!“

Der Knabe war verdammt unfreundlich, Junge, Junge. Dabei ließ ich mindestens einmal die Woche einen Teil meines Taschengeldes bei ihm. Wenn sich Olga so benehmen würde, könnte sie ihren Laden gleich zumachen.

An mir würde der Typ von jetzt an keinen Cent mehr verdienen, das nahm ich mir fest vor. Ich wollte gerade gehen, da kam ein Mann von der Waschanlage her auf uns zu gerannt. Außer Atem und mit hochrotem Gesicht blieb er vor Siggi stehen. „Mein Auto!“, japste er. „Was ist mit Ihrem Auto?“, fragte Siggi. „Der Lack!“, rief der Mann. „Er hat Kratzer!“

Siggi schob sich die Pudelmütze aus der Stirn. „Das gibt’s“, sagte er. „In der Werkstatt habe ich Lackstifte. In allen Far–“ „Ich will keinen Lackstift!“, brüllte der Mann und lief rot an, dass eine Tomate im Vergleich zu ihm blass ausgesehen hätte. „Ihre Waschanlage ist defekt! Sie müssen mir den Schaden ersetzen!“

„Nun mal langsam“, sagte Siggi, der mich ganz vergessen zu haben schien. „Wie wollen Sie beweisen, dass Ihr Wagen den Kratzer in meiner Waschanlage bekommen hat? Wollen wir uns den Schaden mal anschauen.“ Der Kombi des Kunden stand vor der Waschanlage und glänzte in der Sonne. An der Fahrertür war allerdings ein hässlicher Kratzer zu sehen. Genau wie an Olgas Auto.

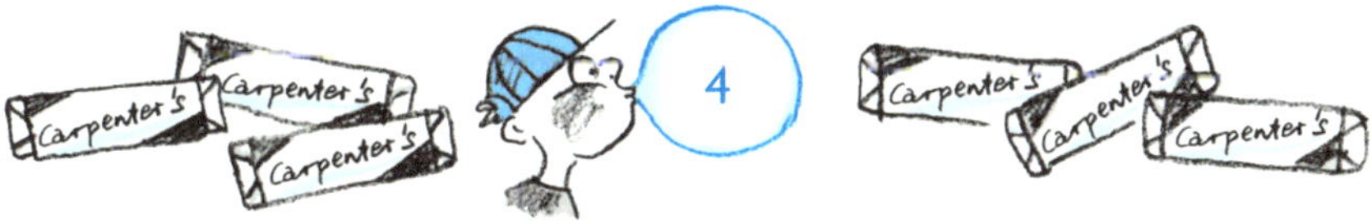

„Tja“, sagte Siggi und kratzte sich am Ohr. „Das sieht nicht gut aus.“ „Nicht gut?“, rief der Mann. „Die ganze Tür muss neu lackiert werden!“ „Das muss nicht sein“, sagte Siggi. „Mit meinen Lackstiften kriegen Sie das auch so wieder prima hin.“

Erst in diesem Augenblick bemerkte er, dass ich schon eine ganze Weile neben ihnen stand. „Du bist ja immer noch da!“, schnauzte er mich an. „Los, verschwinde!“ Siggi starrte mich so drohend an, dass ich mich lieber verdrückte.

Als ich ein Stück die Hauptstraße hinuntergelaufen war, drehte ich mich um. Siggi und der Autofahrer schienen ihren Streit beendet zu haben. Der Kunde stieg gerade in seinen Wagen und fuhr mit kreischenden Reifen davon.

Fortsetzung folgt

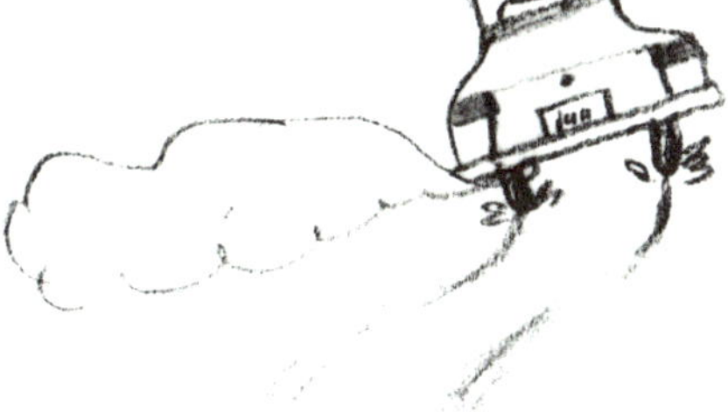

1. **Kwiatkowski kennt die Tankstelle mit der Waschanlage.**

a) **Ergänze die fehlenden Buchstaben.**

Die Tankstelle liegt auf dem Weg

zur S c h _ _ _ .

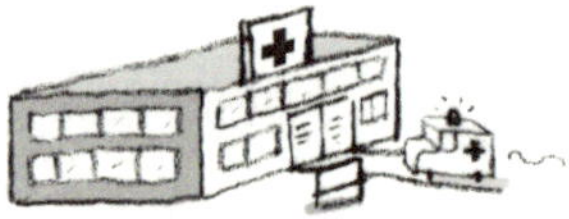

Die Tankstelle liegt auf dem Weg

zum K _ _ _ k _ _ h _ _ _ .

Die Tankstelle liegt auf dem Weg

zum K _ _ _ .

b) **Welcher Satz stimmt? Unterstreiche ihn.**

2. **Am Nachmittag ist an der Tankstelle nichts los. Wie viele Autos befinden sich auf dem Gelände? Male jeweils die richtige Anzahl an Autos.**

An den Zapfsäulen:

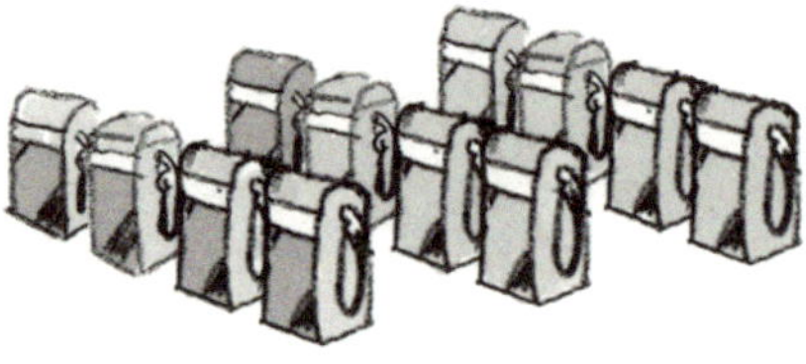

Vor der Waschanlage:

3. Was macht Kwiatkowski, wenn er sein übliches Ermittlungsprogramm startet? Schreibe auf die Linien.
Tipp: Lies dazu auf Seite 21 nach.

Übliches Ermittlungsprogramm:

– dem Verdächtigen unbemerkt ______________________

– ihn bei seiner nächsten Aktion ______________________

– ihn zur ______________________

4. Der Besitzer der Tankstelle heißt Siegfried. Wie nennen ihn Stammkunden? Kreuze an.

❑ Sissi ❑ Siggi ❑ Friedi

5. Trotz der Hitze hat der Tankstellenbesitzer etwas an, das man gewöhnlich nur im Winter trägt.

eine schwarze ☐☐☐☐☐☐☐☐☐☐

6. **Siggi ruft Kwiatkowski unfreundlich zu, dass er verschwinden soll. Was ruft er noch? Schreibe in die Sprechblase.**

7. **Ein Mann beschwert sich über einen Kratzer an seinem Auto. Was bietet Siggi ihm an? Schreibe in die Kästchen. Tipp: Die Buchstaben helfen dir.**

a ~~ck~~ t L i st f

einen [ ] [ ] [c] [k] [ ] [ ] [ ] [ ] [ ]

8. **In welchen Farben hat Siggi die Lackstifte? Lies dazu auf Seite 22 nach und kreuze an.**

- ❑ in Blautönen
- ❑ in Erdtönen
- ❑ in allen Farben
- ❑ in Grün und Gelb

9. Der Mann läuft vor Wut so rot an, dass eine Tomate blass dagegen aussehen würde. Es gibt lustige Rätselwitze mit Tomaten.

a) Hier ist ein Tomaten-Rätselwitz.

Rätselwitz:
Es ist rot, rund und
die eine Hälfte ist kariert.

Lösung: eine Tomate im Schottenrock

b) Denkt euch zu zweit Tomaten-Rätselwitze aus. Schreibt sie hier auf.

Rätselwitz: ______________________________

____

Lösung: __________________________________

Rätselwitz: ______________________________

____

Lösung: __________________________________

c) Erzählt anderen Kindern eure Tomaten-Rätselwitze und lasst sie die Lösungen erraten.

Kapitel 5

Ein paar Minuten später war ich bei Olga. Meine beste Freundin verkaufte gerade einem Herrn in gepflegtem Anzug und mit einer edlen Aktentasche ein Päckchen Carpenter's Chewing Gum*. Tja, Leute mit Format wissen eben, was schmeckt.

„Wie sieht's aus, mein Süßer?", fragte Olga, als sie Zeit für mich hatte. Ich wischte mir den Schweiß von der Stirn und seufzte. Der Trick funktioniert immer.

* sprich: Tschuing Gamm

„Ganz schön heiß heute, was?“, sagte Olga mitleidig. „Magst du eine Limo?“ Ich hatte nichts dagegen. Schließlich hatte ich genau deshalb so laut geseufzt. Nachdem Olga ein volles Glas vor mich auf die Theke gestellt hatte, erzählte ich ihr, was ich gerade bei Siggi erlebt hatte. Hinterher schwiegen wir beide.

Ich badete meine Zunge in den Resten der Limo. „Vielleicht ist das alles nur ein dummer Zufall“, sagte Olga schließlich. „Vielleicht“, sagte ich. „Oder es ist etwas kaputt in der Waschanlage.“ Wieder versanken wir in tiefes Nachdenken. Dann wusste ich plötzlich, was ich als Nächstes zu tun hatte. „Ich muss in die Waschanlage“, sagte ich. „Vielleicht finde ich was, das mir weiterhilft.“

„Aber wie?“, fragte Olga. „Der Siggi schmeißt dich raus. Der ist ein sturer Hund.“ „Du kannst mir helfen, Olga“, sagte ich. „Gern, mein Engel“, sagte sie. „Nur wie?“ „Du fährst morgen noch mal durch die Waschanlage“, sagte ich. Olga schnappte nach Luft.

„Nein“, sagte Olga energisch.

„Ein Kratzer reicht mir!“

„Ein Kratzer mehr oder weniger“, sagte ich. „Die Tür muss sowieso neu lackiert werden. Oder hat Siggi dir einen von seinen Lackstiften verkauft?“

„Er hat es versucht. Aber an mein Schätzchen lasse ich nur einen Fachmann“, antwortete Olga.

Dann nickte sie. „In Ordnung, mein Süßer. Du hast mich überredet. Aber wenn hinterher der ganze Wagen zerkratzt ist, kriegst du die Rechnung.“

„Super, Olga!“, sagte ich, stemmte mich an der Theke hoch und gab ihr einen Kuss.

Normalerweise würde ich eher mit einem Maulwurf schmusen. Aber diesmal hatte sich Olga den Schmatzer redlich verdient. Außer ihr wäre bestimmt niemand bereit gewesen, ein zweites Mal durch die Waschanlage zu fahren.

Fortsetzung folgt

1. **Olga spendiert Kwiatkowski eine Limonade. Wie hat er das geschafft? Unterstreiche die richtigen Wörter in jeder Zeile. Schreibe den Satz noch einmal richtig auf.**

Kwiatkowski **knickt / teilt / wischt** sich
den **Dreck / Schweiß / Tee**
von der **Stirn / Lippe / Kniekehle**
und **lacht / flötet / seufzt**.

2. **Kwiatkowski erzählt von seinem Erlebnis an der Tankstelle. Was ist Olgas Meinung dazu? Streiche die falschen Sprechblasen durch.**

3. Was will Kwiatkowski in der Waschanlage suchen?
Die Antwort ist spiegelverkehrt notiert.
Schreibe sie richtig auf.
Tipp: Halte einen Spiegel an das Wort.

ekcütssieweB ______________________

4. Olga findet nicht, dass das eine gute Idee ist.
Wofür hält sie Siggi?
Male das richtige Bild aus.

für eine
diebische Elster

für einen
sturen Hund

5. Olga bekommt einen Kuss dafür, dass sie dem Plan zustimmt.
Wie nennt Kwiatkowski den Kuss noch?
Unterstreiche das richtige Wort.

Bussi   Schlabber   Kiss   Schmatzer

6. Von wem würde Olga ihr Auto reparieren lassen? Verbinde mit dem richtigen Wortteil.

	frau
Fach	arzt
	mann

7. Olga befürchtet, dass ihr Auto nach dem Waschen in Siggis Waschanlage noch mehr Kratzer haben wird. Was will sie dann tun? Kreise das richtige Bild ein und ergänze den Satz.

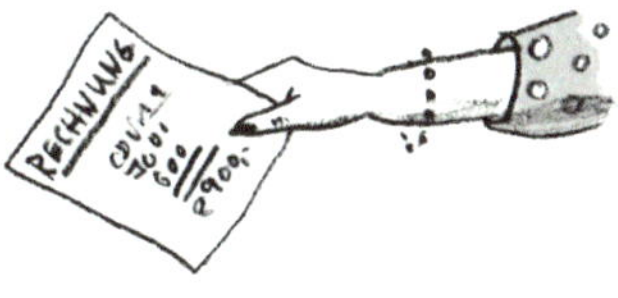

Wenn das Auto hinterher noch mehr Kratzer hat,

will sie ______________________________

______________________________________.

Kapitel 6

Zu Hause wartete meine Mutter auf mich.

„Wir essen um sieben“, sagte sie vorwurfsvoll.

„Tut mir leid, Mama“, sagte ich.

„Hast du einen neuen Fall?“, wollte sie wissen, während sie mir den Tomatensalat mit Schafskäse rüberschob. Insgeheim hatte ich auf eine Pizza von Salvatore gehofft. Aber offenbar hatte meine Mutter wieder mal beschlossen, uns gesünder zu ernähren.

„Wieso?“, fragte ich zurück.

„Du guckst so komisch, irgendwie in dich rein“, sagte sie.

Ich musste grinsen. Ob ich schlecht aussehe oder besonders gut, ob ich viel Appetit habe oder wenig, ob ich gesprächig bin oder nicht – immer vermutet meine Mutter einen neuen Fall dahinter.

Ich erzählte von Olgas zerkratzter Tür.

„Gut, dass ich in eine andere Waschanlage fahre“, sagte meine Mutter, als ich fertig war. „Vielleicht stimmt mit den Bürsten* was nicht.“

„Mit den Bürsten?“, frage ich.

Sie nickte. „Kann doch sein, dass sich irgendein Fremdkörper in den Borsten festgesetzt hat.“

„Und warum wurden dann bei Olga und diesem Mann nur die Fahrertüren zerkratzt?“

„Keine Ahnung. Bin ich Detektiv oder du?“

Noch im Bett dachte ich über das nach, was meine Mutter gesagt hatte. Ein Fremdkörper zwischen den Borsten – das konnte gut sein. Blieb nur die Frage: Wie war er dort hingekommen? Und warum hatte ihn Siggi oder sonst einer aus der Tankstelle nicht beseitigt?

Fortsetzung folgt

* Eine Bürste besteht aus einzelnen Borsten.

1. **Kwiatkowski mag sehr gern Pizza.**

a) **In welchem Land ist die Pizza ein typisches Gericht? Kreuze an und vergleiche mit anderen Kindern.**

❑ England ❑ Frankreich ❑ Italien

b) **Suche das Land auf der Karte und male es aus.**

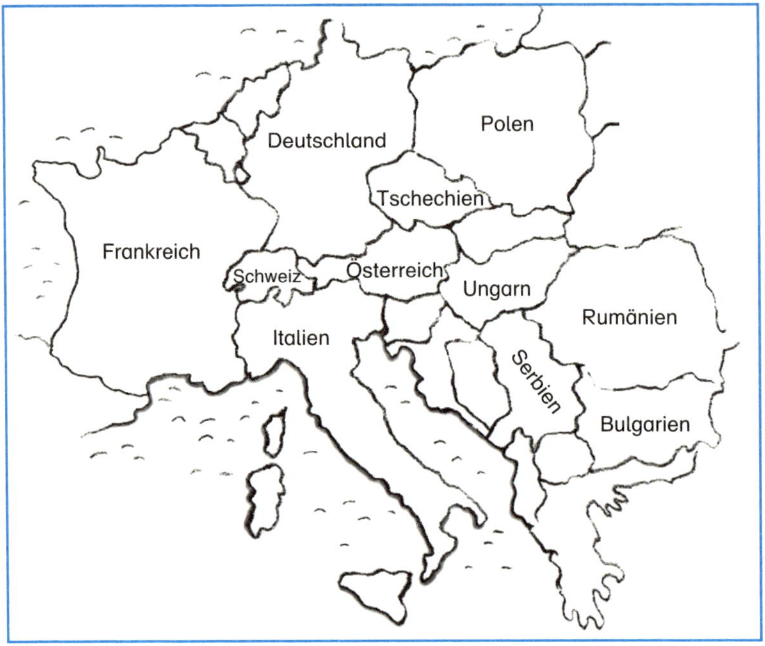

c) **Welcher Form ähnelt der Länderumriss von Italien? Kreise das richtige Bild ein. Schreibe in die Kästchen.**

einem ☐☐☐☐☐☐☐

2. Kwiatkowskis Mutter bringt gern gesundes Essen auf den Tisch.

a) Was gibt es für Kwiatkowski?
Bei der Antwort sind die Wortteile durcheinandergeraten.
Schreibe auf, wie die Speise richtig heißt.

b) Salat, Gemüse und Obst sind gesund.
Welches Obst oder Gemüse magst du besonders gern?
Male oder schreibe in den Rahmen.

3. Kwiatkowskis Mutter vermutet einen neuen Fall, weil ihr Sohn so komisch guckt.
Wann vermutet sie noch einen neuen Fall?
Kreuze die richtigen Antworten an.
Tipp: Lies dazu auf Seite 35 nach.

Sie vermutet einen neuen Fall, wenn Kwiatkowski ...

- ❑ schlecht aussieht.
- ❑ viel Sport treibt.
- ❑ viel Appetit hat.
- ❑ badet.
- ❑ wenig Appetit hat.
- ❑ gesprächig ist.
- ❑ weint.
- ❑ besonders gut aussieht.
- ❑ nicht gesprächig ist.

4. Kwiatkowskis Mutter hat eine Idee zu dem neuen Fall. Welche?
Ergänze das richtige Nomen (Namenwort).

Vielleicht stimmt mit

______________________ was nicht.

dem Shampoo / den Bürsten

5. Die Mutter meint, es könnte sich irgendein Fremdkörper in den Bürsten festgesetzt haben. Finde in diesen Bildern die Fremdkörper. Markiere sie.

6. Noch im Bett denkt Kwiatkowski nach. Male die richtigen Denkblasen aus.

Wieso sind immer alle so unfreundlich?

Wie war der Fremdkörper zwischen die Borsten gekommen?

Warum hatte ihn Siggi oder sonst einer aus der Tankstelle nicht beseitigt?

Warum trägt Siggi eine Pudelmütze?

Kapitel 7

Als ich am nächsten Morgen aus dem Fenster schaute, regnete es. Das war schlecht für meine Ermittlungen. Bei Regen fährt kein Mensch durch die Waschanlage. Schließlich möchte niemand, dass sein Wagen ein paar Minuten nach der Wäsche schon wieder dreckig ist. Olga und ich würden sofort auffallen.

In der Schule wartete ich fünf Stunden lang darauf, dass es zu regnen aufhörte. Im Gegenteil, es goss immer stärker.

Kaum war ich zu Hause und hatte mich aus meinen pitschnassen Klamotten geschält, klingelte das Telefon. Olga war dran. Aufgeregt erklärte sie mir, dass sie mich auf der Stelle sehen müsse. „Wo brennt's denn, Olga?" „Es geht um die Kratzer, Kwiatkowski." Das interessierte mich natürlich.

Ich zog mir trockene Sachen an und rannte los. Draußen regnete es immer noch. Als ich zu Olgas Kiosk kam, standen dort zwei Frauen unter ihren Schirmen. Die eine war lang und schlank, die andere klein und – sagen wir – kräftig. „Das ist der Detektiv", stellte mich Olga vor.

Die lange Dame schaute mich an. Dann sagte sie zu Olga: „Das ist nicht Ihr Ernst." „Doch, doch", sagte Olga und nickte eifrig. Jetzt wandte sie sich an mich: „Den beiden Damen ist nämlich auch die Tür zerkratzt worden." „In der Tankstelle an der Hauptstraße?" Die beiden Damen nickten. „Du bist wirklich Detektiv?", wollte die lange Dame wissen. „Ja", sagte ich.

„Wir wollen dich nämlich engagieren*“, sagte die kleine Kräftige. „Ich arbeite schon für Olga“, sagte ich. „Du kannst den Täter für uns alle drei suchen“, schlug Olga vor. „Für drei arbeite ich nicht“, sagte ich. Die lange Dame blinzelte mich wütend an. „Komm, Sabine. Wir gehen!“, sagte sie.

„Bist du verrückt?“, sagte Olga. „Du verzichtest freiwillig auf zehn Päckchen Kaugummi!“ „Mit denen hätte es nur Ärger gegeben“, sagte ich. „Warum sollte ich herkommen, Olga?“ „Bei zehn Leuten ist in der Waschanlage die Fahrertür zerkratzt worden“, erzählte Olga. „Ich habe seit gestern jeden Kunden gefragt.“

Donnerwetter! Zehn Türen! Es wurde wirklich Zeit, dem Spuk ein Ende zu machen. „Kannst du deinen Laden nicht jetzt schon schließen?“, fragte ich. Sie schaute auf ihre Armbanduhr. „In Ordnung.“ Sie hängte ein Schild auf:

* sprich: angaschieren

Fortsetzung folgt

**1. Kwiatkowski sitzt in der Schule.
Wie ist das Wetter draußen?
Umrahme das richtige Bild farbig.
Schreibe die Antwort auf die Linie.**

Es ______________________________.

**2. Es klingelt bei Kwiatkowski in der Wohnung.
Lies dazu auf Seite 41 nach und
streiche die falschen Bilder durch.**

**3. Olga meldet sich am Telefon.
Warum ruft sie Kwiatkowski an? Kreuze an.**

- ❑ Olga will Kwiatkowski etwas vorsingen.
- ❑ Olga will Kwiatkowski sofort sehen.
- ❑ Olga will mit Kwiatkowski plaudern.

**4. Kwiatkowski macht sich auf den Weg
zu Olgas Kiosk.
Welcher Kiosk ist von Olga?
Und welchen Weg muss Kwiatkowski gehen?
Zeichne einen Pfeil ins Bild.**

5. Die Damen an Olgas Kiosk wollen Kwiatkowski als Detektiv engagieren.
Was bedeutet das Verb (Tuwort)? Verbinde.

engagieren

heiraten

beschäftigen

trösten

beschimpfen

6. Olga berichtet Kwiatkowski von zehn anderen zerkratzten Autotüren.
Was denkt Kwiatkowski dazu?
Ergänze das richtige Nomen (Namenwort) in der Denkblase.

Fest / Geheimnis / Spuk / Unsinn

Es wird wirklich Zeit,

dem ______________

endlich ein Ende zu machen.

Kapitel 8

Als wir auf das Tankstellengelände fuhren, tröpfelte es nur noch vom Himmel. Trotzdem waren wir die Einzigen, die ihren Wagen waschen wollten. Wenn der Lackkratzer irgendwo hockte und uns beobachtete, hatten wir keine besonders guten Karten.

Olga bezahlte bei Siggi im Kassenhaus, versenkte die Radioantenne, drehte alle Fenster hoch, steckte die Chipkarte mit dem Waschprogramm in den Automaten und fuhr langsam in die Waschanlage, bis die Ampel „Stopp“ zeigte. Dann machte sie den Motor aus, zog die Handbremse an und lehnte sich zurück.

Nachdem der Wagen mit Waschmittel eingesprüht worden war, begannen die großen Reinigungsbürsten sich langsam zu drehen. Bevor mich Olga davon abhalten konnte, sprang ich aus dem Auto und versteckte mich hinter der Apparatur, an der die Bürsten angebracht waren.*

Inmitten von herumspritzendem Wasser und höllischem Lärm begann ich meine Untersuchung. Hinterher war ich nass wie noch nie. Besonders schlimm war es geworden, als ich meine Arme bis zu den Ellbogen zwischen die erstaunlich weichen Borsten gesteckt hatte, um nach einem Fremdkörper zu suchen.

* Mach das nie, das ist supergefährlich! Eigentlich hätte Kwiatkowski das nie tun dürfen.

Am Ende war ich bibbernd zurück in den Wagen gestiegen. Olga drückte mich an sich. „Gott sei Dank, du lebst!“, rief sie. Und: „Igitt, bist du nass!“

Ich nieste. „Erstens gibt es keinen Grund, warum ich nicht mehr leben sollte“, sagte ich. „Und zweitens habe ich gerade eine komplette Autowäsche abgekriegt.“ „Armer Junge“, sagte Olga und fuhr den Wagen aus der Anlage.

„Was ist mit den Bürsten?“, fragte sie. „Scheinen in Ordnung zu sein“, antwortete ich. Sie stieg aus, ging um den Wagen herum und rief: „Kein neuer Kratzer!“ „Hab ich mir gedacht“, sagte ich. „Ist wahrscheinlich doch bloß alles Zufall.“ Olga nickte. „Wahrscheinlich. Oder du suchst an der falschen Stelle. Ich fahre dich nach Hause, mein nasser Engel.“

Fortsetzung folgt

1. Olga fährt mit Kwiatkowski zur Tankstelle. Ergänze die Tuwörter (Verben) aus dem Kasten.

dreht / steckt / fährt / versenkt / bezahlt

Zuerst ____________ Olga im Kassenhaus der Tankstelle und bekommt eine Chipkarte mit dem Waschprogramm. Dann ____________ sie die Radioantenne und ____________ alle Fenster hoch. Jetzt ____________ sie die Chipkarte in den Automaten der Waschanlage. Schließlich ____________ sie langsam in die Waschanlage.

2. Warum zieht Olga ihre Radioantenne am Auto ein und schließt die Fenster? Schreibe die Gründe auf.

Das tut Olga:	Der Grund dafür:
Radioantenne einziehen	
Autofenster schließen	

3. In der Waschanlage zeigt die Ampel „Stopp“ an. Im Straßenverkehr zeigen die Ampeln Grün, Gelb und Rot an. Was bedeuten die Farben? Notiere.

Rot → ______________________

Gelb → ______________________

Grün → ______________________

4. Lies, was nach dem Ampelstopp passiert. Die Buchstaben vor den Satzteilen helfen dir. Schreibe die Sätze geordnet auf die Linien.

E	und die großen Reinigungsbürsten
B	und zieht die Handbremse an.
D	mit Waschmittel eingesprüht
C	Der Wagen wird
F	beginnen sich langsam zu drehen.
A	Olga macht den Motor aus

____

____

____

____

____

____

5. **Kwiatkowski springt aus dem Auto und beginnt in der Waschanlage seine Untersuchung. Was erschwert ihm die Ermittlungen? Sieh dir das Bild an und ergänze den Satz.**

In der Waschanlage erschweren

herumspritzendes ________________ und

höllischer ______________ Kwiatkowskis Ermittlungen.

6. **Kwiatkowski steigt wieder zu Olga ins Auto. Olga ist froh, dass er noch lebt. Findest du es richtig, dass Kwiatkowski als Detektiv so eine gefährliche Aktion macht? Besprich dich mit einem anderen Kind.**

Kapitel 9

Zu Hause ging ich sofort in die Badewanne. Ich steckte mir zwei Carpenter's zwischen die Zähne und dachte nach. War das mit den Kratzern alles bloß Zufall? Suchte ich vielleicht wirklich an der falschen Stelle?

Ich lehnte mich gemütlich an den Wannenrand und schloss die Augen. Dann ließ ich vor meinem inneren Auge Bilder aufsteigen, ließ sie kommen und verschwinden.

Wenn bei meinen Ermittlungen nichts mehr hilft, bringt dieser Trick manchmal etwas. Siggi mit seinem mürrischen Gesicht unter der dicken Pudelmütze tauchte auf. Dann sah ich Wasser verspritzende riesige Bürsten. Es folgten zerkratzte Autotüren. Und endlich ein Lackstift. Ich riss die Augen auf: Was hatte der Lackstift in meinem Kopf zu suchen?

Schnell sprang ich aus der Wanne und zog mich an. Ich hatte keine Ahnung, was die Stifte mit dem Fall zu tun hatten. Aber ich war mir jetzt völlig sicher, dass ich genau an der richtigen Stelle suchte. So etwas spürt ein erfahrener Detektiv wie andere Leute ein aufziehendes Gewitter.

In der Tankstelle waren inzwischen sämtliche Zapfsäulen besetzt. In den Regalen neben der Kasse suchte ich nach Lackstiften. Doch ich fand keine. Komisch …

„Kann ich dir helfen?“, hörte ich das Mädchen an der Kasse rufen. „Haben Sie keine Lackstifte?“, fragte ich. „Lackstifte?“, fragte das Mädchen zurück. „Haben Sie welche oder nicht?“ „Die gehen bei uns nicht“, sagte das Mädchen und wandte sich einem anderen Kunden zu.

Es gab in der Tankstelle keine Lackstifte? Aber Siggi hatte doch Olga und dem anderen Mann welche verkaufen wollen. Was hatte das alles zu bedeuten? Ich beschloss, nach dem Abendessen die Waschanlage zu beobachten.

Fortsetzung folgt

1. Kwiatkowski ist völlig durchnässt.
Was macht er zu Hause als Erstes?
Im Antwortsatz fehlt ein Nomen (Namenwort).
Du findest die Buchstaben im Schaum.
Setze sie richtig zusammen
und ergänze die Antwort.

Kwiatkowski
nimmt ein Bad in der ______.

2. Während Kwiatkowski badet, steigen diese Bilder in seinen Gedanken auf. Ein Bild fehlt noch.
Es liefert eine wichtige Spur in dem Fall.
Lies auf Seite 53 nach und
male in die leere Denkblase.

3. An der Tankstelle gibt es keine Lackstifte zu kaufen. Wieso wundert sich Kwiatkowski darüber? Ergänze die Antwort.

Deshalb wundert sich Kwiatkowski:

Siggi hatte Olga und dem anderen Mann

Lackstifte ______________________________ .

4. Das Mädchen an der Kasse fragt Kwiatkowski etwas. Die Wörter ihrer Frage findest du im Regal. Bringe sie in die richtige Reihenfolge und schreibe sie in die Sprechblase.

5. **Was hat Kwiatkowski nach dem Abendessen vor? Ergänze ein passendes Tuwort (Verb).**

Kwiatkowski möchte
die Waschanlage

______________________.

6. **Was könnte Kwiatkowski beobachten? Berate dich mit einem anderen Kind und male deine Idee.**

Kapitel 10

Um sieben Uhr aß ich mit meiner Mutter zu Abend, erledigte mit ihr zusammen den Abwasch und machte die Schularbeiten. Dann fragte ich:

„Darf ich noch mal raus?“

Meine Mutter schaute auf die Küchenuhr:

„Um diese Zeit?“

„Es ist wichtig!“, sagte ich.

„Für deinen Fall?“, fragte sie.

Ich nickte.

10

„Ist es auch nicht gefährlich?“, fragte meine Mutter. Ich schüttelte den Kopf. „Na gut, aber um neun bist du zurück.“ „Um zehn“, sagte ich. „Kommt nicht infrage“, sagte sie. „Um viertel vor zehn“, schlug ich vor. Meine Mutter seufzte. „Na gut, halb zehn. Das ist mein letztes Wort.“ Ich gab ihr einen Kuss auf die Nase und lief aus dem Haus.

An den Zapfsäulen herrschte gähnende Leere. Siggi stand an der Kasse und unterhielt sich mit der Kassiererin. Ich rannte hinter die Waschanlage und versteckte mich dort zwischen den Mülltonnen. Da kam Siggi, um die Waschanlage zu säubern.

Als er mit der Arbeit fertig war, griff er in die Tasche seiner Hose und fingerte einen länglichen Gegenstand heraus. Dann machte er sich an einer der Bürsten zu schaffen. Schließlich wollte er das Tor der Waschanlage abschließen. Doch offenbar hatte er den Schüssel vergessen. Kopfschüttelnd schlenderte er zum Kassenhaus. Das war die Gelegenheit!

Ich raste zur Waschanlage und untersuchte die Bürste, an der ich Siggi gesehen hatte. Und tatsächlich: Zwischen den Borsten fand ich einen dünnen Schraubenzieher. Siggi hatte ihn geschickt in einem Loch befestigt. Ich zog das Werkzeug mit einem Ruck heraus und rannte zu meinem Versteck zurück. Keine Sekunde zu früh.

Siggi schloss die Waschanlage ab. Fünf Minuten später fuhr er mit seinem kleinen Sportwagen davon.

Tief in Gedanken kam ich nach Hause zurück. Meine Mutter saß vor dem Fernseher. „Bist du weitergekommen?“, fragte sie. Ich zeigte ihr den Schraubenzieher. „Damit macht er es“, erklärte ich. „Wer?“, fragte sie. „Siggi“, sagte ich. Meiner Mutter fiel die Kinnlade herunter.

„Ich habe ihn beobachtet, wie er das Ding zwischen die Borsten gesteckt hat“, sagte ich. „Aber warum tut er das?“, fragte meine Mutter. „Das werde ich morgen herausfinden“, antwortete ich.

Fortsetzung folgt

1. **Was macht Kwiatkowski nach dem Abendessen? Unterstreiche die richtigen Antworten.**

   Fernsehen gucken, Schularbeiten, Rätsel lösen
   Fußball spielen, Geschirr abwaschen, Fenster putzen

2. **Wann machst du deine Schularbeiten? Tausche dich mit anderen Kindern aus.**

3. **Kwiatkowski verhandelt mit seiner Mutter, wann er zu Hause sein muss. Stell dir jetzt vor, dass du später nach Hause kommen möchtest. Überlege dir warum und schreibe Stichwörter in den Kasten. Mache mit einem anderen Kind ein Rollenspiel dazu.**

4. **Kwiatkowski macht sich noch mal auf den Weg zur Tankstelle. Was passiert dann?**

a) **Sieh dir zusammen mit einem anderen Kind die Bilder auf dieser und der nächsten Seite an. Erzähle dem Kind, was du auf den Bildern siehst.**

b) **Schreibe auf ein extra Blatt, was an der Tankstelle passiert. Schreibe mindestens 8 Sätze auf.**

1

2

3

4

5. **Als Kwiatkowski seiner Mutter das Ergebnis seiner Ermittlungen zeigt, fällt ihr die Kinnlade herunter. Was bedeutet das?**
Verbinde das Bild mit dem richtigen Satz.

Sie ist verärgert.
Sie ist verlegen.
Sie ist sehr erstaunt.
Sie ist verständnisvoll.

Kapitel 11

Später im Bett sausten mir die Gedanken nur so durch den Kopf. Was sollte ich tun? Das Beweisstück zur Polizei bringen? Bestimmt würde die nachweisen können, dass die Kratzer von dem Schraubenzieher stammten. Aber Siggi würde unter Garantie abstreiten, dass er das Ding zwischen die Borsten gesteckt hatte.
Und wenn ich mit Siggi redete?
Wahrscheinlich würde das auch nichts nützen.

Nein, ich musste herauskriegen, warum er es tat. Am nächsten Morgen besuchten wir mit unserer Klasse ein römisches Museum. Besonders war die Angelegenheit nicht. Deshalb hatte ich jede Menge Zeit nachzudenken. Als wir mit dem Bus zurück zur Schule fuhren, stand mein Plan fest. Wenn alles funktionierte, konnte man mir ein Denkmal setzen. Mindestens fünf Meter hoch und mit goldener Schrift:

Meine Mutter hatte an diesem Tag Spätdienst im Krankenhaus, sie würde erst um zehn Uhr abends zurück sein. Nachdem ich die Schultasche in mein Zimmer gebracht hatte, lief ich zu Olga. Ohne Olga würde mein Plan nicht funktionieren.

„Schließ den Laden ab. Wir fahren tanken“, sagte ich.

„Aber …“, wollte sie protestieren.

„Bitte, Olga“, sagte ich.

„Wenn du mir hilfst, wissen wir spätestens in einer Stunde, wer deinen Wagen zerkratzt hat!“

Olga verdrehte seufzend die Augen.

„Ach, Kwiatkowski, ich kann dir einfach nichts abschlagen.“

Als wir zur Tankstelle fuhren, erklärte ich ihr, was sie zu tun hatte. „Sag dem Siggi, dass sein Auto wieder mal gewaschen werden müsste. Danach fährst du zurück zum Kiosk." Olga schien sich über meine Bitte zu wundern. Aber sie tankte für zwanzig Euro und ging ins Kassenhaus. Ich rannte zur Waschanlage hinüber und versteckte mich wie am Vortag zwischen den Mülltonnen.

Niemand ließ sein Auto waschen. Es war der perfekte Zeitpunkt für mein Vorhaben. Jetzt musste nur noch Siggi mitspielen. Wenige Minuten später kam er angefahren. Er steckte eine Chipkarte in den Automaten und fuhr in die Waschanlage. Ich flitzte zur kleinen Glastür im großen Tor.

Langsam bewegten sich die großen Bürsten auf die Vordertüren zu. Ich zählte leise: „21, 22, 23 …" Dann rannte ich zum Automaten und drückte auf den roten „Not"-Knopf. Im gleichen Augenblick stand in der Waschanlage alles still. Die großen Bürsten hatten genau an Fahrer- und Beifahrertür gestoppt. Siggi hatte keine Möglichkeit auszusteigen.

Fortsetzung folgt

**1. Kwiatkowski fragt sich, was er tun soll.
Er hat Ideen. Was spricht dagegen?
Überlege mit anderen Kindern zusammen
und schreibe in die Tabelle.**

Idee:	Was dagegen spricht:
Kwiatkowski könnte den Schraubenzieher als Beweisstück zur Polizei bringen.	
Kwiatkowski könnte Siggi zur Rede stellen.	

**2. Was will Kwiatkowski herausfinden?
Ergänze das richtige Wort.**

Kwiatkowski will herausfinden,

__________ Siggi die Autos zerkratzt.
wann / warum / wer

3. Kwiatkowski macht mit seiner Klasse einen Ausflug in ein römisches Museum. Was ist ein römisches Museum? Male die Puzzleteile, die zusammengehören, in einer gleichen Farbe aus. Lies die Sätze der Reihe nach.

1. Ein Museum ist	Sachen sehen, die fast 2000 Jahre alt sind.
2. Jeder kann ein Museum	Sammlungen von Gegenständen ausgestellt.
3. In einem Museum werden	besuchen.
4. In einem römischen Museum kann man	eine öffentliche Einrichtung.

4. Warst du schon einmal in einem Museum? Was hat dir besonders gefallen? Erzähle einem anderen Kind davon.

5. **Wenn Kwiatkowskis Plan funktioniert, würde er sich über ein Denkmal freuen. Was soll in goldener Schrift auf der Tafel stehen? Schreibe es auf die Linien. Tipp: Lies dazu auf Seite 65 nach.**

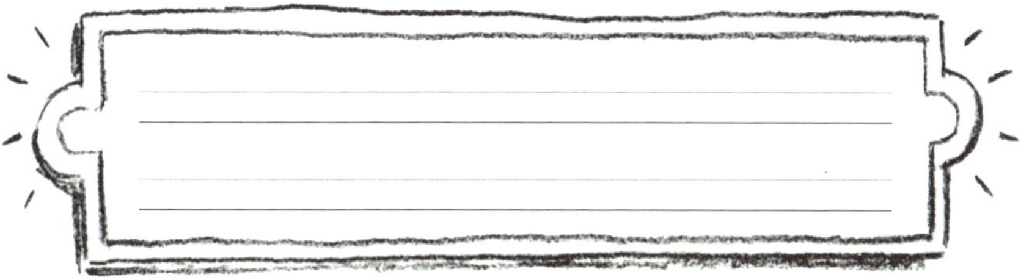

6. **Wie geht Kwiatkowskis Plan weiter? Kreuze jeweils die richtigen Antworten an.**

   Olga soll Siggi dazu bringen,
   - ❑ dass er die Waschanlage schließt.
   - ❑ dass er sein Auto in der Waschanlage wäscht.

   Wenn Siggi mit dem Wagen in der Waschanlage ist, will Kwiatkowski darauf warten,
   - ❑ dass die großen Bürsten die Vordertüren waschen.
   - ❑ dass die großen Bürsten das Autodach waschen.

7. **Kwiatkowski drückt auf den „Not"-Knopf. Lies auf Seite 66 nach und male den Knopf in der richtigen Farbe aus.**

Kapitel 12

Bis hierhin hatte alles nach Plan funktioniert. Aber nun kam der schwierigste Teil meines Vorhabens. Ich steckte mir zur Beruhigung ein Carpenter's in den Mund, atmete tief durch und betrat die Waschanlage.

Siggi hockte in seinem Wagen und tobte. Ich klopfte an sein Fenster und machte ihm ein Zeichen, es herunterzudrehen. Er tat es.

„Du schon wieder!“, brüllte Siggi mit hochrotem Kopf. „Lass mich sofort hier raus!“ Ich ließ ihn brüllen und zog in aller Ruhe den Schraubenzieher aus der Hosentasche. „Ist das Ihrer?“, fragte ich. „Klar ist das meiner“, schnauzte er. „Was, glauben Sie, wird passieren, wenn ich mit dem Ding zur Polizei gehe?“, fragte ich.

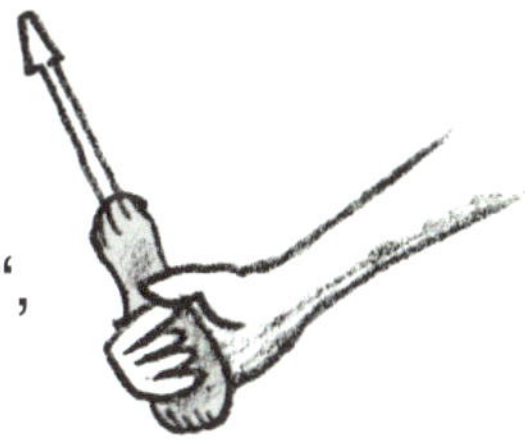

„Du arbeitest für Olga, stimmt's?“, antwortete Siggi. „Stimmt“, sagte ich. „Ihr beide habt mir die Falle gestellt.“ „Ich möchte wissen, warum Sie das gemacht haben“, sagte ich. „Dann lässt du mich raus?“, fragte Siggi. „Vielleicht“, gab ich zurück. „Und wenn ich es dir nicht sage?“ „Rufe ich die Polizei“, sagte ich.

„Also gut, Kwiatkowski. Aber erst musst du mich hier rauslassen.“ Er sagte mir ein paar Zahlen. Ich tippte sie in den Chip-Automaten und der Waschvorgang ging weiter. Fünf Minuten später fuhr Siggi aus der Waschanlage.

Er öffnete die Beifahrertür und rief: „Steig ein!“ Und als ich zögerte, sagte er: „Ich tue dir nichts.“ Wer nichts riskiert, sollte kein Detektiv werden. Also stieg ich ein. Nach kurzer Fahrt hielten wir vor einem schmalen Haus. Siggi ging mir voraus in den Keller. Ich folgte ihm in einigem Abstand.

Im Keller lagerten Pakete bis unter die Decke. Siggi erklärte stockend: „Da sind überall …“ „… Lackstifte drin“, vollendete ich Siggis Satz. Er nickte. „Ein Freund hat sie mir letztes Jahr gebracht. Ich weiß nicht, wo die herkommen“, erzählte er. „Ich habe die Lackstifte an Kunden verkauft und das Geld mit meinem Freund geteilt.“ „Praktisch“, sagte ich. „Und weil Sie nicht genug verkauft haben, haben Sie mit dem Schraubenzieher ein bisschen nachgeholfen.“ Siggi nickte.

„Gehst du jetzt zur Polizei?“, fragte Siggi. Ich schüttelte den Kopf. „Mein Auftrag ist erledigt. Ich werde mit Olga reden, was weiter geschieht.“ „Kann ich meinen Schraubenzieher wiederhaben?“ „Später“, sagte ich. Das einzige Beweisstück freiwillig aus der Hand geben? Das würde nicht mal einem Anfänger passieren.

Fortsetzung folgt

1. **Kwiatkowski ist nervös.**
   Er muss sich beruhigen und kaut Kaugummi.
   Welche Marke kaut er?
   Male die richtige Kaugummiblase gelb aus.

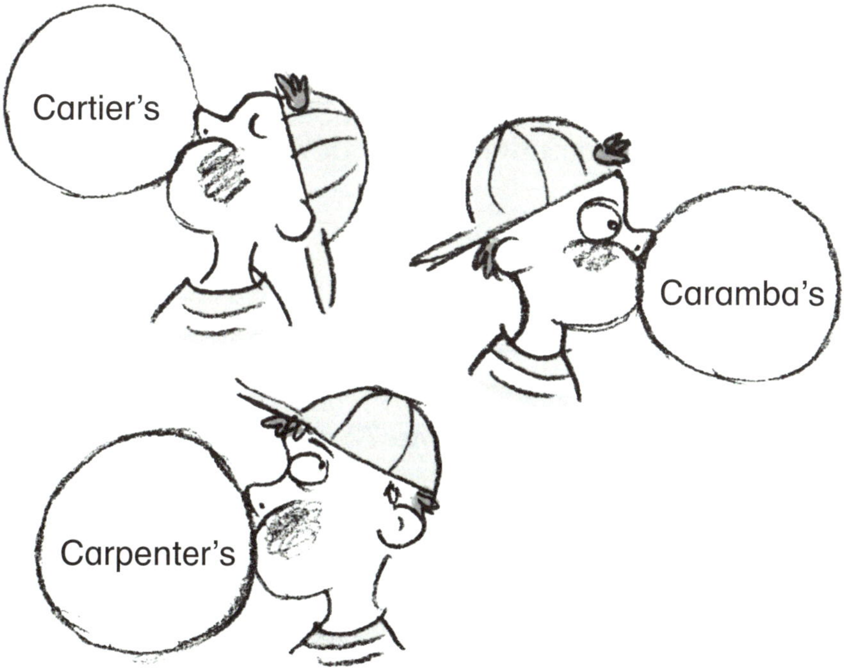

2. **Was hält Kwiatkowski Siggi vor die Nase?**
   Schreibe in die Kästchen.

einen S c h _ _ _ _ _ _ _ i e h _ _

3. Was möchte Kwiatkowski unbedingt von Siggi wissen? Ergänze die Antwort. Verwende die Wörter in den Kästchen.
Tipp: Lies dazu auf Seite 71 nach.

das	Siggi	warum	gemacht	hat

Kwiatkowski möchte unbedingt wissen,

____.

4. Siggi nimmt Kwiatkowski mit zu seinem Haus. Male in das richtige Haus Fenster und Türen.
Tipp: Lies dazu auf Seite 72 nach.

5. Im Keller sind bis zur Decke Pakete gestapelt. Was enthalten sie? Schreibe auf die Linie.

____

6. Kwiatkowski erfährt, was Siggi vorhatte. Sind die Sätze richtig oder falsch? Kreuze an.

	richtig	falsch
Eine Freundin hat Siggi die Lackstifte gebracht.	☐	☐
Er hat die Lackstifte letztes Jahr bekommen.	☐	☐
Siggi hat die Lackstifte verkauft und das ganze Geld seinem Freund gegeben.	☐	☐
Siggi hat mit dem Schraubenzieher nachgeholfen, damit mehr Leute Lackstifte kaufen.	☐	☐
Kwiatkowski will zur Polizei gehen.	☐	☐

7. Was würde nicht mal einem Anfänger-Detektiv passieren? Ergänze die fehlenden Buchstaben.

das ei◯zige B◯weisst◯ck

frei◯illig aus der H◯nd zu ge◯en

Kapitel 13

Was ich schon vermutet hatte, traf ein. Olga hat einfach ein zu großes Herz. Sie einigte sich mit Siggi darauf, dass er ihr die Lackierung der Tür bezahlte. Bei den anderen Autofahrern, die Olga von den Kratzereien in der Waschanlage erzählt hatten, zahlte er auch. Es wurde eine verdammt teure Angelegenheit für ihn. Aber er tat mir, ehrlich gesagt, kein bisschen leid.

13

Drei Tage nach dem Ende meiner Ermittlungen besuchte ich mal wieder Olga. Ihr Auto glänzte frisch lackiert in der Sonne. „Ich hab dir noch gar nicht dein Honorar gegeben“, sagte sie und schob mir fünf Päckchen Carpenter's über die Theke. Außerdem drückte sie mir einen Briefumschlag in die Hand. Ich öffnete ihn und es fielen vier 50-Euro-Scheine heraus.

„Zweihundert Euro! Sisisisind die für mich?“, stotterte ich. Olga nickte. „Ich hab ein bisschen gesammelt. Bei den Leuten, denen die Türen zerkratzt worden sind.“ Auf dem Weg zum eigenen Computer war also tatsächlich der erste Schritt getan.

Ich stellte mich auf die Zehenspitzen und gab Olga schon den zweiten Kuss in diesem Monat. „Wenn ich groß bin, heirate ich dich“, sagte ich. Olga lachte. „Ich bin dabei, mein Schatz!“ Jetzt habe ich Angst, dass sie mich beim Wort nimmt. Hätte ich doch bloß meine Klappe gehalten! Ende

1. **Was denkt Kwiatkowski über Olga?**
   Schreibe das fehlende Wort auf die Linie.

Olga hat ein großes ____________ .

2. **Siggi muss den Schaden an Olgas Auto bezahlen.**
   Male das reparierte Autoteil gelb aus.
   Tipp: Lies dazu auf Seite 76 nach.

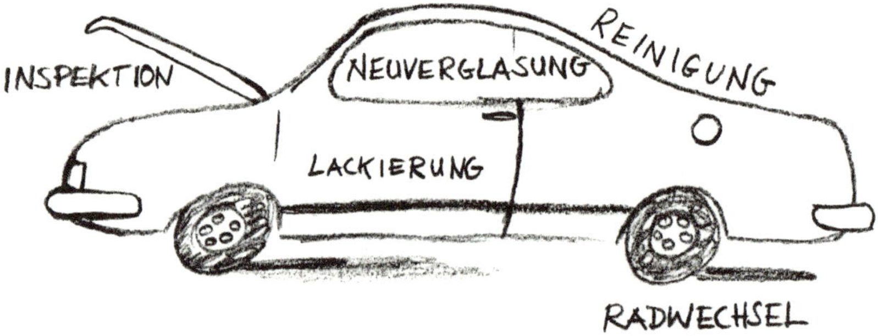

3. **Olga gibt Kwiatkowski einen Briefumschlag.**
   Streiche den falschen Umschlag durch und ergänze den Satz.

In dem Briefumschlag befinden sich

____
____________________________________.

4. Wofür möchte Kwiatkowski das Geld verwenden?

a) Schreibe zuerst zu jedem Bild das Nomen auf.

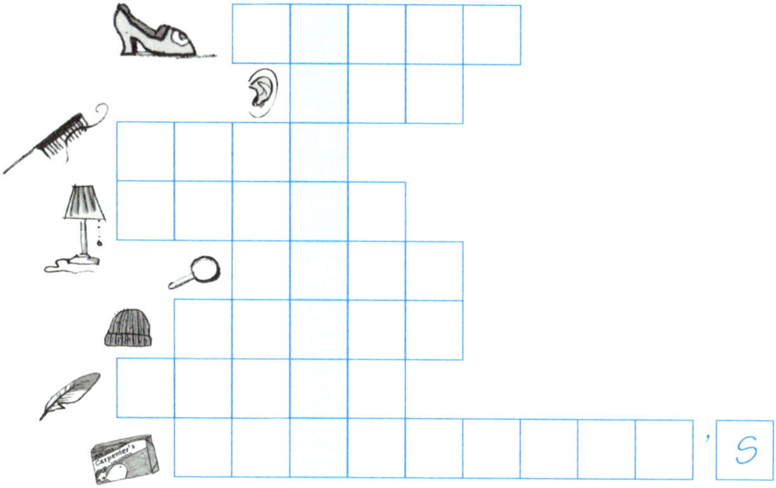

b) Lies die Buchstaben in den blauen Kästchen von oben nach unten.

c) Ergänze den Lösungssatz.

Kwiatkowski möchte einen ________________ kaufen.

5. Lies, wer sich die Fälle um Kwiatkowski ausdenkt.

Der Autor von den Kwiatkowski-Büchern ist **Jürgen Banscherus**. Es gibt viele Bände über den jungen Detektiv. Sie wurden schon in viele Sprachen übersetzt.

Originaltitel:
Jürgen Banscherus: „Ein Fall für Kwiatkowski – Faule Tricks und nasse Füße“

Foto S. 79: Holger André, Berlin

Redaktion: lüra – Klemt & Mues GbR
Projektleitung: Susanne Dahlbüdding
Technische Umsetzung: Manuela Mantey-Frempong

www.cornelsen.de

1. Auflage, 1. Druck 2010

Alle Drucke dieser Auflage sind inhaltlich unverändert
und können im Unterricht nebeneinander verwendet werden.

Druck: CS-Druck CornelsenStürtz, Berlin

ISBN 978-3-464-82876-2

Inhalt gedruckt auf säurefreiem Papier aus nachhaltiger Forstwirtschaft.